AF243334

LA NAISSANCE

DU ROI DE ROME.

DITHYRAMBE EN PROSE POÉTIQUE,

Par M. N. M. Veuve DE ROME,

MEMBRE DE L'ACADÉMIE DES ARCADES DE ROME.

DITHYRAMBE

SUR LA NAISSANCE

DU ROI DE ROME.

LE nombre des jours dont est composé le mois consacré au Dieu de la guerre ; ce mois qui, jadis, voyait accourir les habitans de la Gaule dans une enceinte palissadée de javelots et de glaives, n'était pas encore écoulé ; il indiquait seulement l'ouverture du gai printemps, lorsque l'airain retentissant se fit entendre jusque dans le réduit solitaire que j'habite.

Ah ! m'écriai-je avec émotion, ce signal…. c'est celui d'une auguste naissance ! Il se prolonge, il se multiplie…. Les Dieux ont accueilli nos vœux, ils les ont exaucés !

Le rejeton des Césars vient de naître.

O Mars ! je te salue.

Mais que ferai-je qui puisse signaler l'allégresse dont, en ce moment, mon cœur est pénétré ? Des feux dont la lueur incertaine et fugitive cède au premier souffle d'Auster ou de Borée, peuvent-ils exprimer une joie telle que je la ressens ? Non, sans doute ; pressée d'un plus noble désir, je veux essayer de tracer quelques lignes ; elles attesteront au moins l'élan d'un cœur sensible.

O Mars ! je te salue.

Implorons le secours des Muses ; elles ont, ainsi que les Grâces, présidé à la naissance de l'auguste MARIE-LOUISE ; elles chérissent cette adorable Souveraine : il devient impossible qu'elles se refusent à mes vœux dont la sincérité et l'ardeur ne peuvent que leur plaire.

Je n'ignore point qu'en ce moment, où leurs protégés se pressent autour d'elles pour obtenir une faveur semblable, il me sera difficile de captiver leur attention ; cependant je peux espérer. Peut-être qu'une étincelle du feu sacré qui brille sur l'Hélicon, s'échappant du foyer...

Tu t'égares en tes vœux, me dit une femme que j'aperçus seulement alors près de moi, et dont l'apparition soudaine m'eût, en tout autre moment, inspiré de l'effroi.

Je lève sur l'inconnue des regards étonnés, elle s'en aperçoit et sourit. J'ose la fixer, et, à ses traits, à la forme de ses vêtemens, à celle d'un vélin sortant à demi des replis de sa robe diaprée, que couvre en partie un voile nuancé des couleurs de l'iris et de la pourpre, je pense que c'est l'une de ces Sibylles à qui le maître des Dieux, le puissant Jupiter, a confié le don de prescience, ainsi que le pouvoir d'annoncer les événemens futurs, lorsqu'à ces événemens est inséparablement lié le bonheur des peuples, dont les Souverains ont mérité la faveur céleste.

Je me prosterne devant cette femme mystérieuse, dont je ne peux encore comprendre l'intention.

Déjà elle a deviné ma pensée.

Tu ne te méprens point, me dit-elle ; je vois que l'âge et l'infortune n'ont pu altérer ta mémoire. Lève-toi et m'écoutes.

Oui ; tu vois en moi l'une de ces Sibylles si long-temps renommées par leur savoir immense.

On me distingue de mes neuf autres Sœurs par le nom de la ville où long-temps je rendis des oracles. Cette ville, appelée *Cumes*, fut célèbre par son commerce, par mon Temple et aussi par la résistance qu'elle opposa aux armes de Cyrus, ce conquérant de l'Asie. Il la soumit enfin ; il lui donna, ainsi qu'à l'Asie entière, des lois et le bonheur. Depuis le règne de ce *Roi des Rois*, qui a mérité que l'immortel Racine le caractérisât par ce vers :

> L'Eternel, l'appelant par son nom,
> Le promit à la terre....

je n'ai pu connaître aucun Potentat qui ait pleinement mérité cet éloge. Des milliers de siècles se sont écoulés dans cette attente vaine. Enfin parut NAPOLÉON.... et j'ai reconnu Cyrus.

Tu te rappelles sans doute que ma sœur, la Sibylle Amalthée, vint présenter dans Rome, à *Tarquin le superbe*, neuf livres qui renfermaient le destin de cet État, à peine sorti de sa première enfance. Tu sais, qu'indignée de l'accueil de ce Prince avare, fastueux et féroce, elle préféra de jeter dans les flammes six de ces recueils, que les trois derniers furent confiés aux augures, que jamais ils ne furent consultés, et que dans les troubles qui survinrent on les crut perdus pour toujours. Ce fut moi qui, pour les soustraire à la rapacité des impies, les enlevai du lieu secret où ils étaient déposés. Les voici, tels qu'ils furent composés. Il est temps de rappeler une partie de leur contenu. L'avenir va se dérouler devant toi, écoutes....

Ne t'enorgueillis point de cette rare faveur, tu ne la dois qu'à l'honneur de porter le même nom que la ville des Césars. Cette similitude t'a flattée quelquefois ; maintenant elle devient l'augure de ta tranquillité future.

Que t'auraient fourni les Muses que tu voulais

implorer ? Quelques sons, aimables peut-être...
Celui de l'humble flageolet peut-il être com-
paré à la lyre d'Apollon ? Ton intention eût
été sans effet ; ton cœur en eût gémi, parce
qu'en toi le cœur dépasse le talent.

Écris, puisque tu le désires ; mais que ce
soit sous ma dictée. Si, malgré cette précaution,
quelques sons discordans déparent cette opus-
cule, console-toi. Apprends et retiens que la
vérité, annoncée par ma voix, n'a nul besoin
d'ornemens.

Ainsi s'exprima l'antique Sibylle, et voici ce
qu'elle m'a dicté.

« Le fils des Césars vient de naître. Dès ce
soir le diadème ornera son front. Ce diadème
ne sera pas, pour lui, une vaine parure.

» Destiné, par son père, à régner sur les
Romains, jadis dominateurs de l'Univers, il
saura redonner à cette nation antique sa splendeur première, et l'affermir sur des bases in-
destructibles, contre lesquelles viendront se
briser tous les nombreux efforts des Euménides.
Ainsi l'a ordonné le Maître suprême de l'Univers. C'est une partie de la récompense qu'il
destine à NAPOLÉON, et c'est la plus douce que
l'on puisse offrir à son cœur paternel.

» Rome, prosterne-toi !

» Et toi, cité heureuse, ô Paris ! qui l'as vu naître dans tes murs, ce royal Aiglon, rends grâces aux immortels de cette faveur signalée. Quatre siècles et plus (*) s'étaient écoulés sans qu'aucun des premiers nés des Souverains de la France eût pris naissance dans ton enceinte. Des idées mal conçues t'avaient privées de ce bonheur. Toujours dans ces momens si désirés d'un peuple fidèle, les épouses des Rois avaient été éloignées ; il était réservé à NAPOLÉON, destructeur des abus et des préjugés nuisibles, de rendre à sa Capitale l'une de ses prérogatives la plus chère et la mieux méritée par l'amour respectueux de ses habitans.

» Déjà une faveur égale avait été accordée. C'est dans le même palais que l'auguste lien, dont le résultat porte l'ivresse dans le cœur de tous les Français, fut sanctionné devant les Dieux. Cité heureuse ! ce ne sera pas le dernier des nombreux bienfaits dont tu pourras t'enorgueillir ».

En cet endroit, la Sibylle remarquant la vive et tendre émotion dont j'étais agitée, et craignant peut-être que l'excès de cette émotion m'empêchât de tracer à son gré ce qu'elle

____

(*) 409 ans.

voulait ajouter, m'ordonna de suspendre pendant quelques momens.

« Que serait-ce donc, me dit-elle, si je te révélais tout ce qu'il m'est donné de prévoir? Sachez que la plume d'aucun mortel ne pourrait tracer, d'une manière convenable, la destinée de ce jeune Monarque, et celle du vaste Empire qu'un jour il régira. Ceci n'arrivera point avant que les Dieux, pour le bonheur du monde, ayant reculé le cours de la vie humaine de N A P O L É O N jusqu'aux bornes du possible, l'appelleront au milieu d'eux, ainsi que l'auront mérité tant d'actions héroïques, bonnes et grandes.

» Déjà je vois l'*Aiglon royal* ombrager de ses ailes puissantes l'Europe prosternée. Guidé par son invincible Père, formé aux vertus par une Mère qui les réunit toutes, qui sait allier les plus austères à cette douceur enchanteresse qui les fait adorer, le *Roi de Rome* ramènera parmi ses sujets le règne de la divine Astrée.

» Cette Déesse, fille de Jupiter, indignée des crimes que les mortels osaient se permettre, même à l'abri de son nom, avait abandonné le séjour terrestre pour retourner dans l'Olympe.

» Quelquefois, néanmoins, abaissant sur la

planète sublunaire des regards compatissans ; et y apercevant çà et là quelques mortels qui, semblables aux *Parsis*, avaient conservé le feu sacré, elle daigna descendre dans leurs cœurs, les encourager et leur inspirer la sainte audace de relever ses temples abattus : mais toujours des obstacles nombreux rendirent cet ouvrage imparfait; car si la volonté n'est pas soutenue par la puissance, le flambeau se consume et s'éteint avant d'avoir éclairé suffisamment l'athmosphère.

» Tels ont été les résultats des tentatives de la Déesse, pendant les séjours passagers dont elle favorisa Rome et cette France, maintenant régénérée par les travaux, les veilles et les soins de NAPOLÉON-LE-GRAND.

» La Muse de l'histoire a consacré les noms de la plupart de ces mortels privilégiés auxquels il n'a manqué que le temps, ou la puissance, pour cimenter ce grand ouvrage.

» Tel fut dans Rome, *Numa*, le second de ses Rois : *Numa* eut pour compagne *Égérie*; MARIE-LOUISE est devenue celle de NAPOLÉON.

» *Antonin, Marc-Aurèle* et *Titus* devinrent ses favoris. *Titus* qui ne comptait ses jours que par ses bienfaits; et aussi ce *Julien le Philosophe*, tant calomnié par une foule de rhéteurs, et si bien apprécié par l'immortel Voltaire.

» En France, on distingue avec amour et reconnaissance *Charlemagne*, dont les rescrits appelés *Capitulaires*, portent l'empreinte du génie, dont les réglemens secondaires attestent également son zèle pour Astrée; *Charles V*, dit le *Sage*; *Louis IX*, monarque en qui la piété sincère ne prévalut jamais sur l'amour du bien public, devoir aussi sacré que la piété même; *Louis XII*, à qui fut décerné le titre glorieux de *Père du Peuple*; *François I*er., son successeur, malheureux dans ses entreprises guerrières, mais dont l'inaltérable loyauté caractérisa toutes les actions; le bon, le vaillant et le révéré *Henri IV*, dont l'ame également candide se voua toute entière au bonheur de la France; enfin *Louis XIV*, dont le règne long et célèbre, même par ses vicissitudes, imprima sur la France un caractère de grandeur que tant d'erreurs et de malheurs subséquens n'ont pu entièrement effacer.

» Parmi les Souverains de la vaste Germanie, plusieurs ont senti l'influence d'Astrée. Qui plus que l'infortunée *Joseph Second*, mérita d'être inspiré par cette Déesse? Eh bien! ce que *Joseph* avait commencé lorsque la Parque cruelle trancha le fil de ses jours, Napoléon l'a exécuté. Napoléon consolidera ce grand ouvrage que les Dieux eussent envié, si le destin ne lui avait réservé cette gloire, la plus grande et la plus insigne dont puisse jouir un Potentat.

» Et bien encore! je vois le *royal Aiglon* soutenir dignement le fardeau du pouvoir que déjà vient de lui déléguer l'auteur de ses jours.

» Inséparablement unis par toute la tendresse paternelle et filiale, tous deux abaisseront, anéantiront, à toujours, l'orgueil des enfans d'Albion. Ce peuple vain et fier des richesses que depuis tant d'années l'indolence et les malheurs des États voisins lui ont laissé le loisir d'accumuler, sentira s'échapper de ses mains affaiblies le sceptre maritime. Neptune, irrité de ses attentats, favorisant les projets de Napoléon, lui donne le pouvoir de briser ce sceptre contre les rocs sourcilleux dont cette île est entourée, et, par son ordre exprès, les vents se chargeant de ces vestiges, les dispersent dans leurs courses jusqu'aux bornes du monde.

» A ce signal, je vois le commerce relever sa tête courbée depuis si long-temps sous un joug odieux. Les sciences, les arts, enfans de la paix, fleurissent à l'envi; à l'envi aussi ils font retentir jusqu'aux extrémités de la terre le nom de Napoléon-le-Grand, et celui de Napoléon, Souverain de cette ville appelée tant de fois la *Reine des Cités.*

» Déjà luit à mes yeux l'aurore du jour prospère où, délivrée des ténèbres épaisses qui, sous l'empire de *Chefs étrangers,* avaient, depuis tant de siècles, intercepté la lumière, Rome ressaisit sa splendeur première. La vue des chefs-d'œuvre dont elle est remplie n'attristera plus le voyageur, en le forçant de reporter sa pensée vers des temps qui ne sont plus, qui ne reviendront jamais.

» O Rome! ton Souverain est né; et, dans ses veines, coule le sang d'un héros et celui des Césars.

» O patrie des sciences et des arts! réveille-toi, fais retentir les airs de tes chants d'allégresse; évoque les ombres des grands hommes dont tu t'honores; qu'à ta voix leurs tombes, trop long-temps ignorées, se soulèvent, s'entr'ouvrent; qu'ils en sortent, qu'ils courent vers ce Capitole vaste et superbe, nouvellement affranchi des chaînes de l'aveugle superstition et du fanatisme cruel; qu'ils se mêlent à tes concerts et répètent ainsi que toi:

» Le fils des Césars vient de naître !

» Ah ! déjà la nouvelle, trois fois heureuse, a pénétré jusques dans ton enceinte. Ces tubes d'airain qui, trop souvent, ont porté au loin l'effroi, l'épouvante et la mort, signalent maintenant la naissance du Monarque que t'accordent les Dieux.

» Les portes de tes basiliques superbes s'ouvrent toutes avec fracas et reçoivent le peuple dont la foule pressée s'élance vers le sanctuaire, et porte aux pieds des immortels l'encens le plus pur, le plus agréable, juste tribut de sa reconnaissance.

» Ce devoir rempli le cœur des Romains, devenu semblable à celui des Français, sent le besoin d'une autre sorte de joie, de cette joie expensive que le respect dû à la Majesté divine a jusqu'alors contenu dans des bornes sévères.

» Tous les ordres de l'État, tous les habitans, sans distinction de classe, se réunissent spontanément. Toute occupation autre que celle de la pieuse humanité (devoir sacré qu'aucun événement ne doit interrompre), est suspendue. La cordialité la plus franche, la gaîté la plus aimable président à des jeux, à des danses, à des festins.

» Cependant la pyrothecnie vient réclamer l'attention générale. Des gerbes, des colonnes de feu entrelassées de diverses manières, s'élancent dans les airs, et la lumière qu'elles leur prêtent semble un amas de soleils. Au centre de ce foyer est figuré un temple dont le portique étincelant est surmonté des noms augustes des Souverains de la France, et aussi de celui du Monarque nouvellement né.

» Ah! l'enfant qui héritera de la gloire de son père, celui qui, suivant de près ses traces, saura aussi s'en créer une qui lui soit inhérente, pourrait-il porter un nom différent? NAPOLÉON! ce nom est destiné à perpétuer, dans la série des siècles futurs, la mémoire du Régénérateur de l'Empire français.

» Si j'anticipe sur les temps, les Romains s'accordent déjà aussi la même prérogative ; déjà ils voient leur jeune Monarque, confié par les dieux aux soins d'Hygie (*), prendre assez d'accroissement pour espérer de jouir bientôt de sa présence. Sa présence n'est pas la seule qu'ils désirent. Leurs vœux s'étendent plus loin; ils sont la mesure de leur reconnaissance. S'ils pouvaient être exaucés, NAPOLÉON, MARIE-LOUISE, iraient aussi recevoir leur encens.

(*) Déesse de la santé.

» En cela, dit la Sibylle en s'interrompant, leurs vœux sont contraires aux tiens, car je sais qu'il n'est point de Français qui ne considère l'éloignement de NAPOLÉON comme une sorte de calamité, et son retour dans la Capitale comme l'annonce d'un bonheur nouveau. Mais le Soleil, ame universelle de la nature, n'a-t-il pas son cours et ses lois qu'il suit avec constance ? Eclaire-t-il à la fois l'orbe entier de la terre ? non, certes ! Eh bien ! de même que cet astre radieux, NAPOLÉON se transporte par-tout où sa gloire et le besoin de son peuple l'appellent.

» Hélas, il se pourrait que l'opiniâtreté des *Ibères* nécessitât l'un de ces éloignemens que les Français redoutent. Ces peuples, séduits par leur perfide alliée, résistent encore, se refusent au bonheur qui leur est offert. Naturellement courageux, mais superstitieux et crédules, les Ibères, toujours vaincus et point encore domptés, appelleront sur eux l'Aigle de Jupiter, armé de son foudre.

» Mais c'est en vain qu'Albion a cherché, par cette diversion, à détourner de dessus son île le vol du divin Oiseau ; le moment approche où le féroce Léopard, réduit à l'impuissance, sera forcé d'implorer la clémence de son vainqueur.

» Et quand ces choses arriveront les deux mondes tressailleront d'allégresse.

» Déjà je vois les cèdres du Liban, les chênes de la Suède et ceux de la Norwège, dociles à l'ordre qu'ils ont reçu des Dieux, se séparer sans peine du sol qui les a vu naître et qui les alimente.

» Déjà ces branchages touffus, ornement de leur cime audacieuse, sont tombés sous la hache; déjà leurs troncs à peine dépouillés de cette dure écorce qui les garantit de l'effet des frimats, se transforment, sous mes yeux, en vaisseaux de toutes dimensions, et de formes diverses; les pins résineux ont fourni en abondance l'espalme nécessaire; déjà pourvus de leurs agrets et de leur lest, ils voguent sur la plaine liquide dont ils effleurent légèrement la surface. Le Dieu des mers, Neptune, a renfermé les enfans d'Éole dans leurs antres profonds, il n'a excepté que celui qui, seul, peut conduire la flotte aux ports de l'Empire français d'où doivent partir les troupes belliqueuses, façonnées par le Héros au grand mais redoutable art des combats.

» Ainsi, chargée des élèves de Mars, la flotte part sous la conduite des Dieux, elle franchit avec rapidité l'espace qui la sépare des rives d'Albion....

» Je la vois, elle aborde..... Les guerriers descendent sur la plage ; protégés par le feu de leurs vaisseaux, ils attaquent les cohortes qu'on leur a opposées et que cette audace a déjà glacées d'effroi ; ils les repoussent, les renversent, les poursuivent et pénètrent dans cette terre devenue l'ennemie de tout le continent.

» Les Divinités de l'Olympe ont fixé leurs regards vers ce point du globe. Nul partage d'opinion ne les a désunies, ainsi qu'elles l'avaient été aux rives du *Scamandre* et du *Simoïs*. D'où peut donc provenir cet accord aussi rare que désirable ? C'est qu'aux champs d'*Illion*, un intérêt léger, futile et même coupable, avait armé toute la *Grèce* contre les *Troyens*, et qu'ici c'est la conquête du droit des nations ; droit long-temps méconnu, usurpé sur la faiblesse, conservé par la violence au mépris des traités les plus saints, les plus solennellement jurés. Il faut ou consentir à voir river les fers de l'Europe, déjà trempés dans le sang de plusieurs milliers de victimes, ou bien les briser par un effort généreux. Les Dieux le savent, et les Dieux applaudissent.

» L'Univers gémissant et indigné attend sa liberté de NAPOLÉON seul, et cette attente sera remplie dans toute son étendue.

» Le berceau du Roi-Enfant sera couvert des lauriers de son auguste Père. Ses premiers accens seront des chants de victoire, et le glaive qu'il ceindra, entouré de l'olive, symbole de la paix, toujours offerte par l'auguste Vainqueur au milieu de ses triomphes, sera pour les nations un frein qu'elles ne tenteront point de rompre, et, pour les peuples qui les composent, la certitude de la perpétuité du bonheur ».

Ainsi s'exprima la Sibylle ; et sa voix prophétique ayant cessé de se faire entendre, je levai les yeux.... elle avait disparu ; et moi je ne pus que m'écrier :

O Mars ! je te salue.

F I N.

DE L'IMPRIMERIE DE LEFEBVRE, RUE DE LILLE, Nº. 11.